우리 몸을 구석구석 여행하는 **신비한 의학 교실**

"BABY MEDICAL SCHOOL: VACCINES"

백신

카라 플로렌스·존 플로렌스 지음 | 정회성 옮김

우리 몸 안에는 건강을 지키기 위해 일하는 **면역 체계**가 있어요.

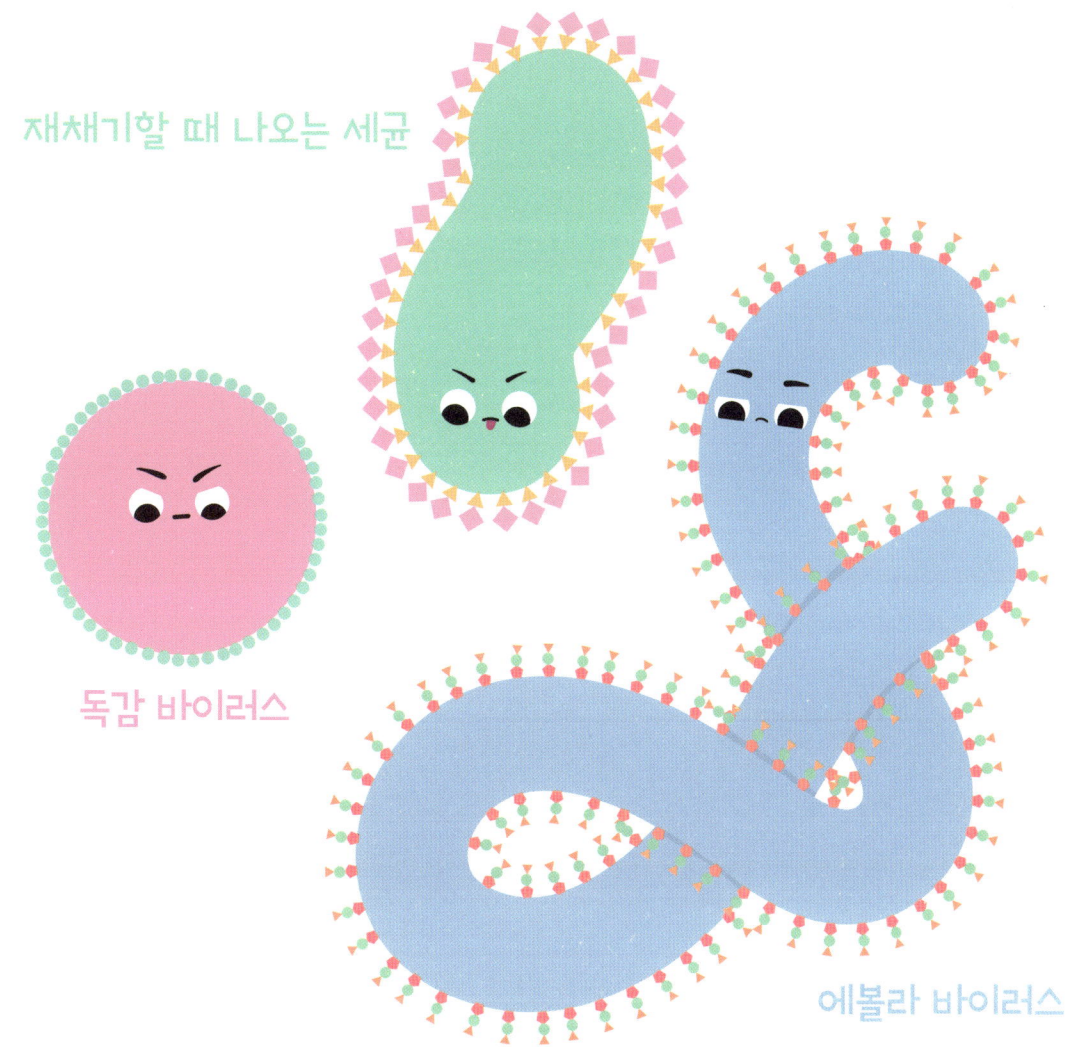

면역 체계의 가장 중요한 임무는 우리 몸 안에서 병을 일으키는 **세균**이나 **바이러스**를 물리치는 거예요.

우리 몸의 면역 체계는 세균을 하나하나 구별할 수 있어요. 세균은 저마다 생김새가 다르거든요.

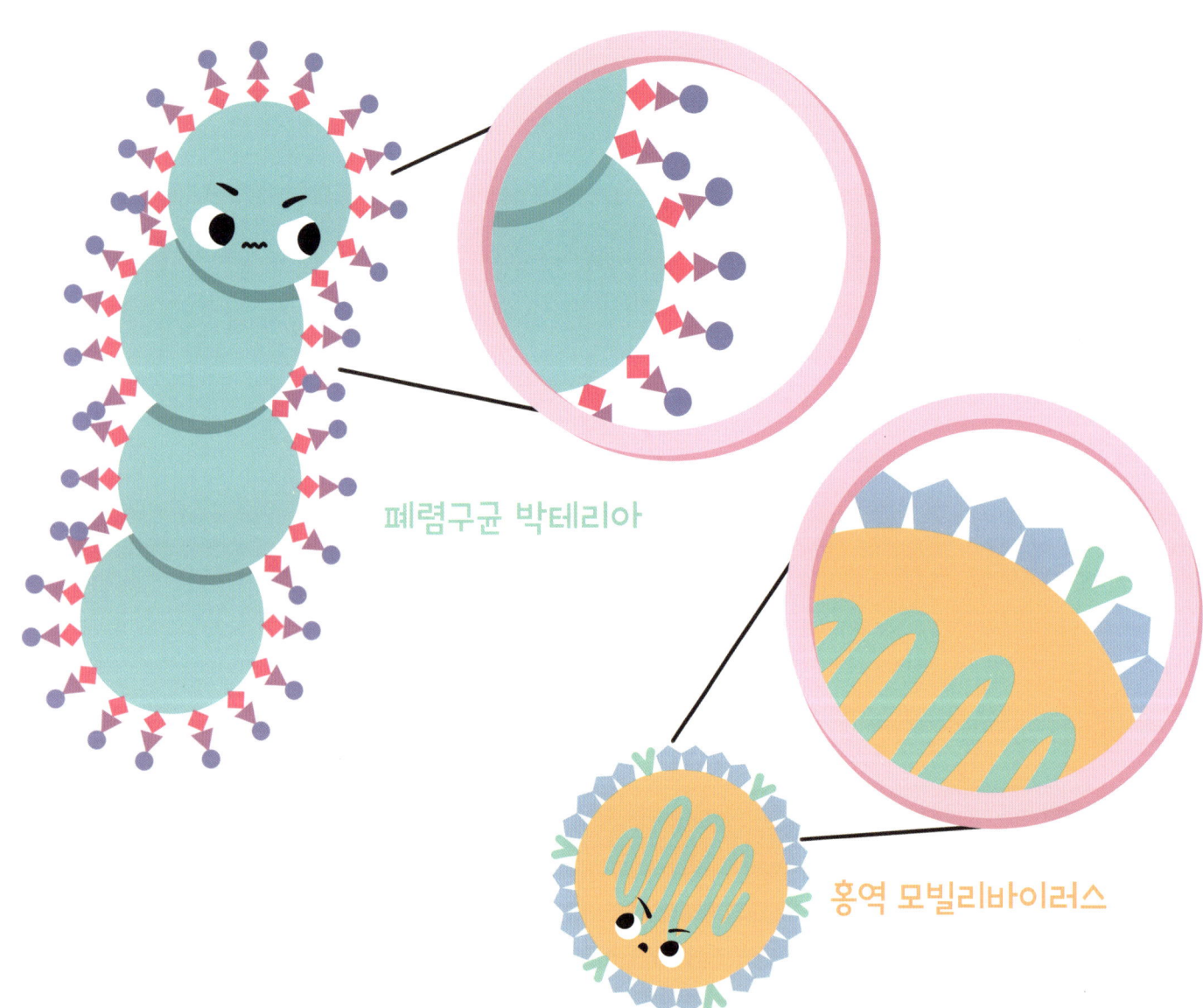

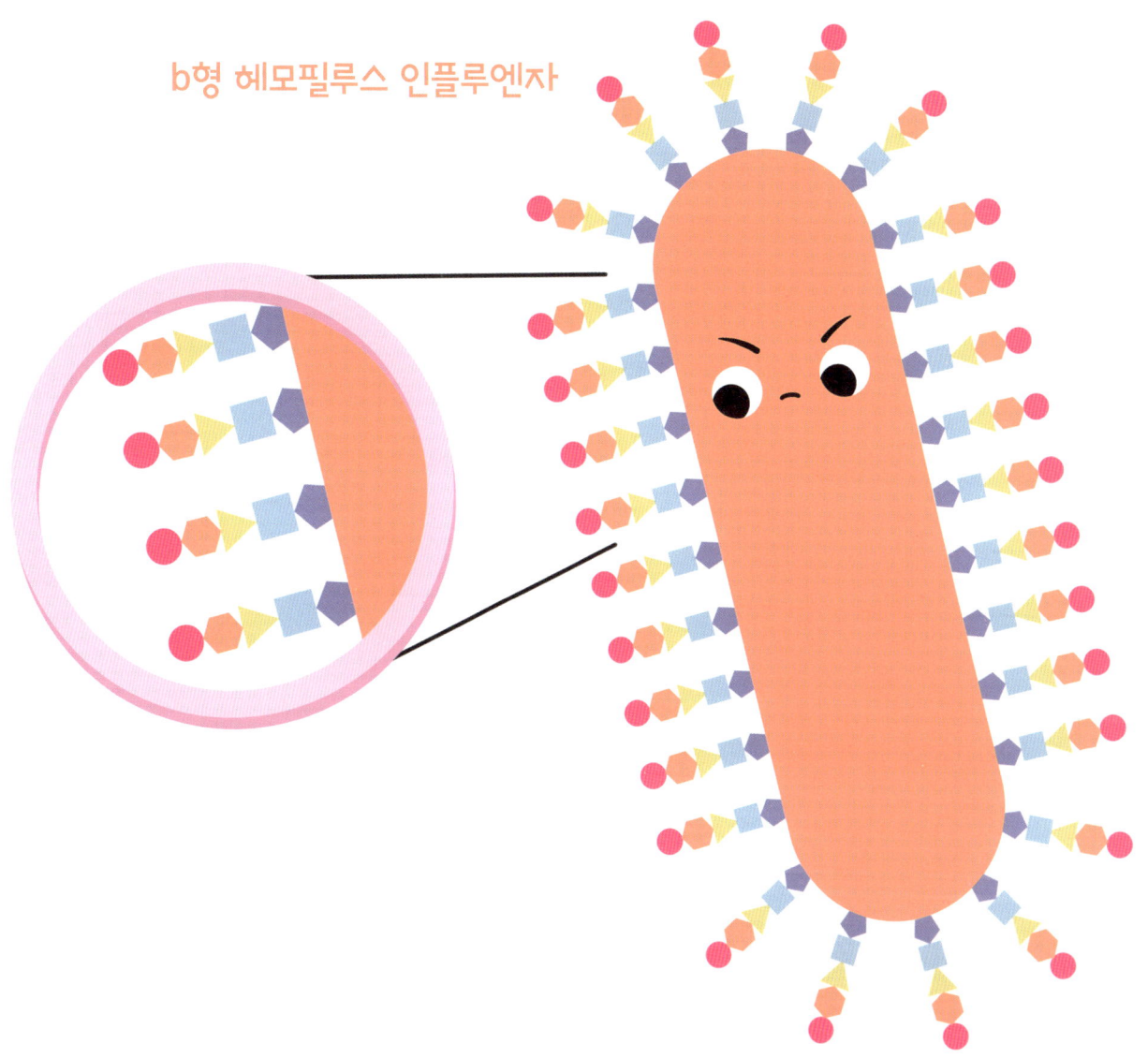

이 세균들을 통틀어 **항원**이라고 해요.

면역 체계가 새로운 항원을 만나면 그에 맞서는 **항체**를 만들어요.

항체는 퍼즐 조각처럼 **항원**에 딱 들어맞을 수 있어요.

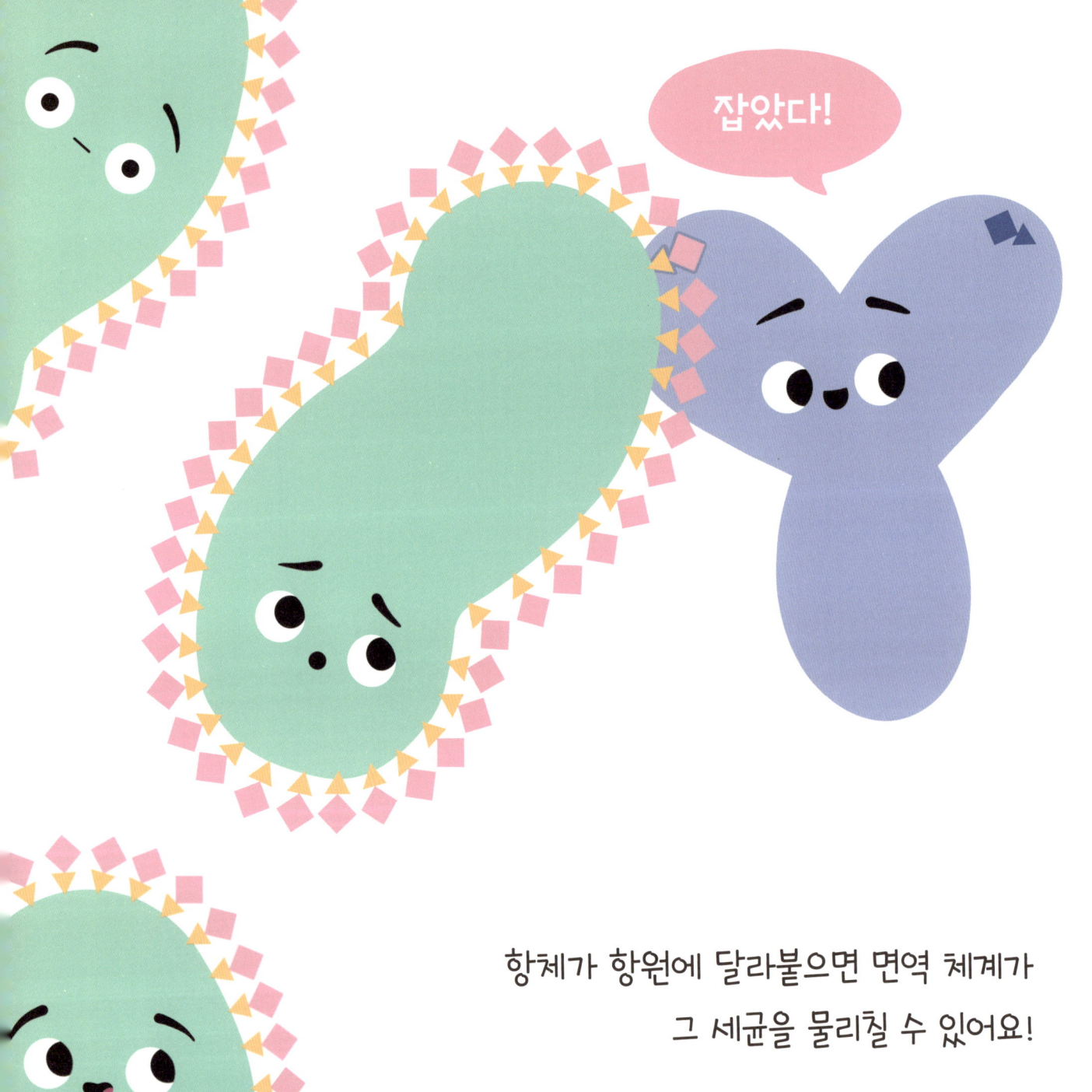

항체가 항원에 달라붙으면 면역 체계가 그 세균을 물리칠 수 있어요!

뭐?
신발을 핥았다고?

우리 몸 안에 세균이 들어오면
처음엔 아플 수 있어요.

하지만 똑같은 세균이 또 들어왔을 때는 우리 몸에 이미 항체가 있기 때문에, 몸이 더 빠르고 강력하게 세균을 물리칠 수 있어요.

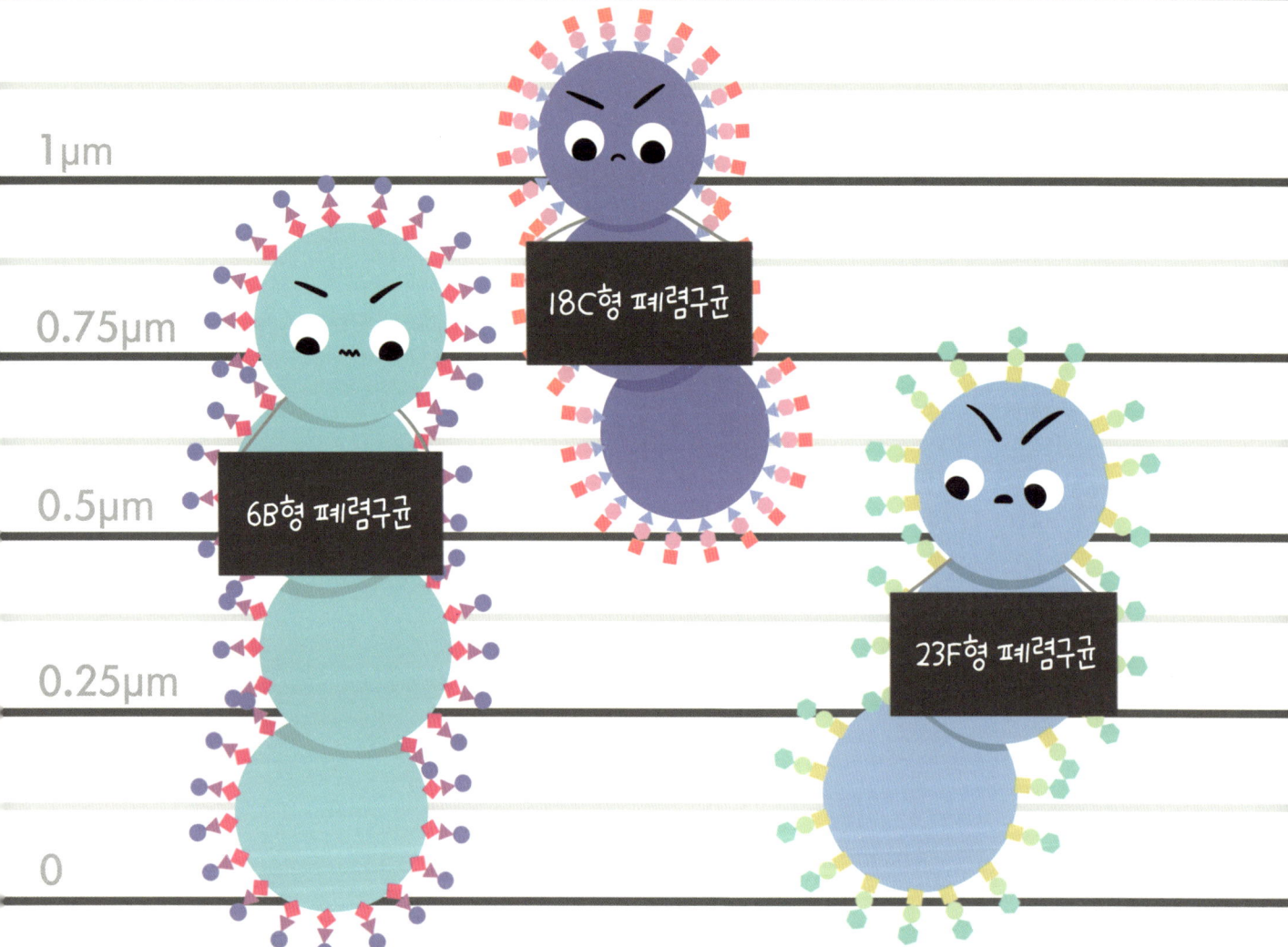

몇몇 세균은 **아주 나빠요**.
큰 병에 걸릴 수 있기 때문에 늘 **조심**해야 해요!

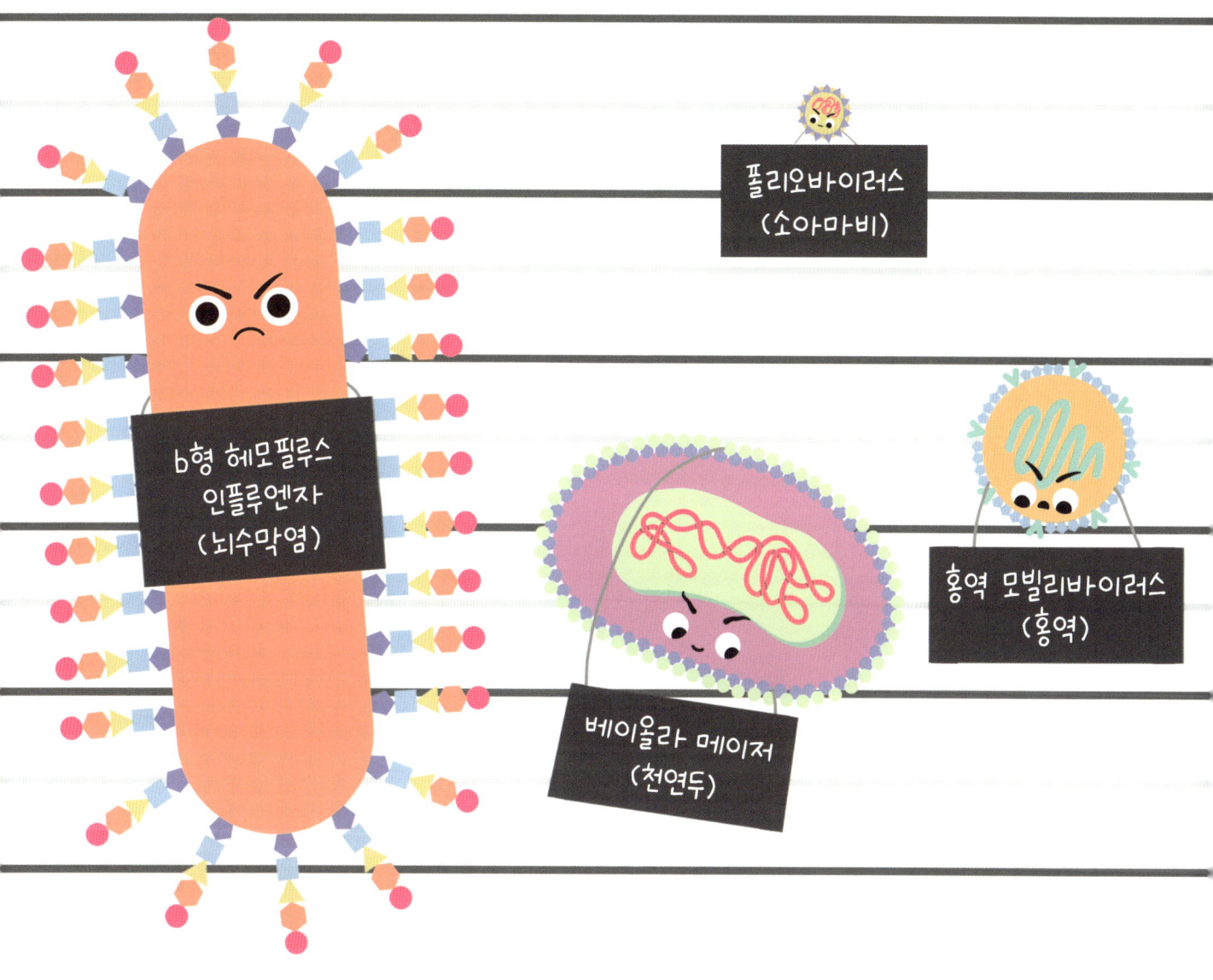

*μm(마이크로미터)는 길이의 단위예요. 1μm는 100만분의 1 미터예요.

다행히 우리에게는 **백신**이 있어요. 백신은 우리 몸을 아프게 하는 세균들을 물리칠 수 있게 면역 체계를 도와줘요.

우리는 이따금 병원에 가서 백신 주사를 맞아요.

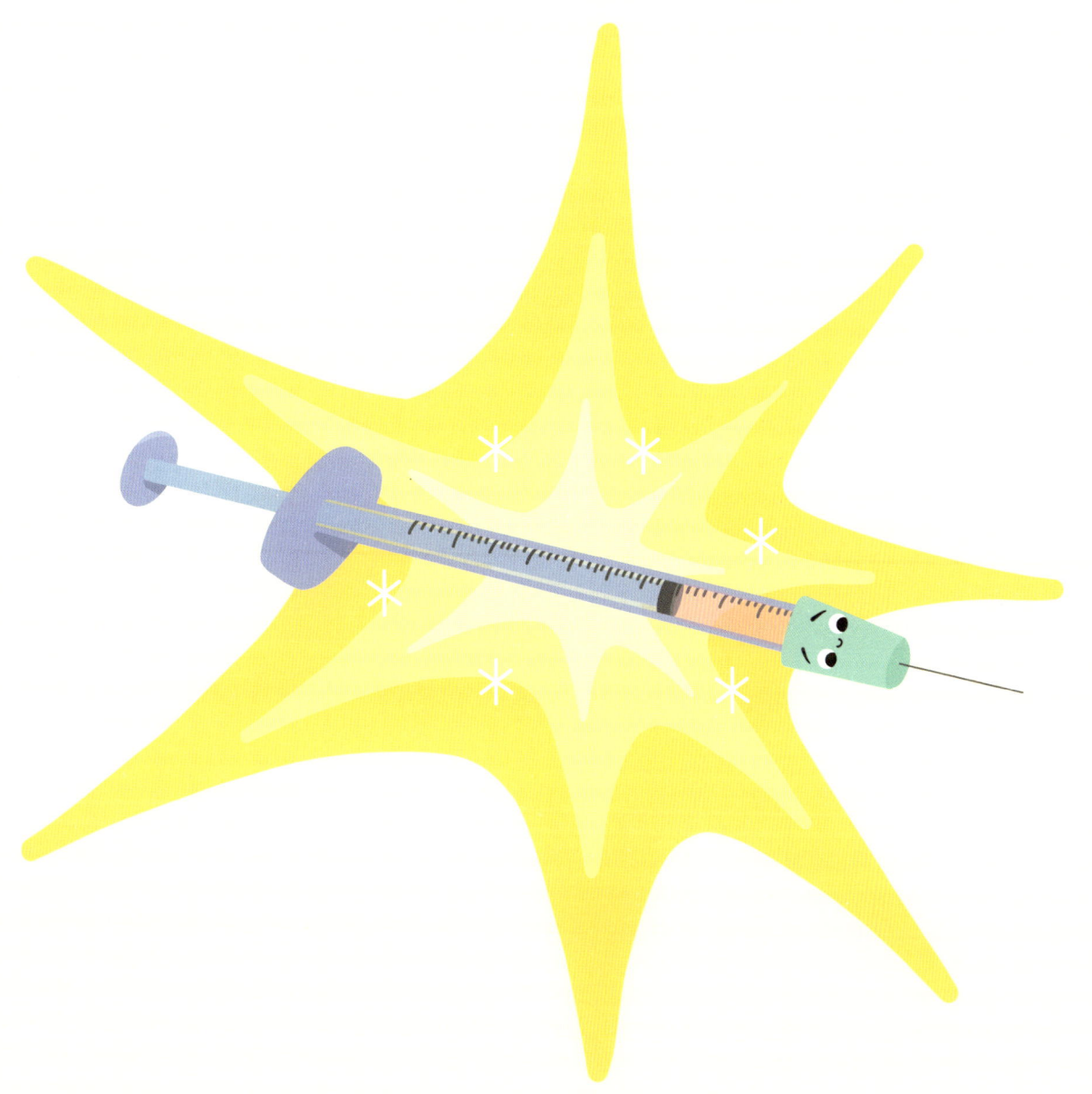

백신은 나쁜 세균이 어떻게 생겼는지를 우리 몸의
면역 체계에 알려 줘요. 그러면 우리 몸은
그 세균의 항체를 미리 준비해 놓는답니다!

과학자들은 백신을 만들기 위해 나쁜 세균에서 항원 조각을 떼어 내 사용하기도 해요.

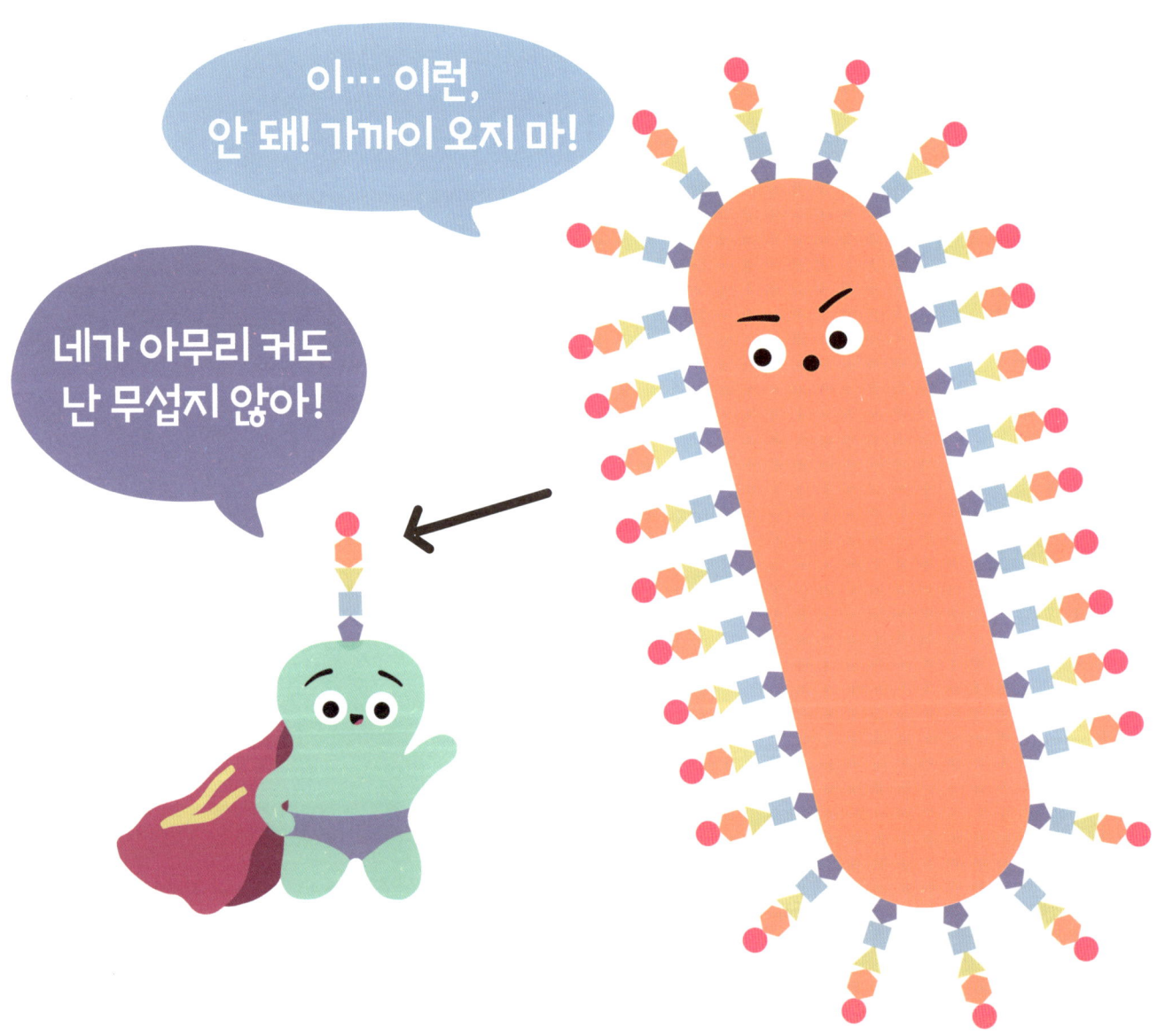

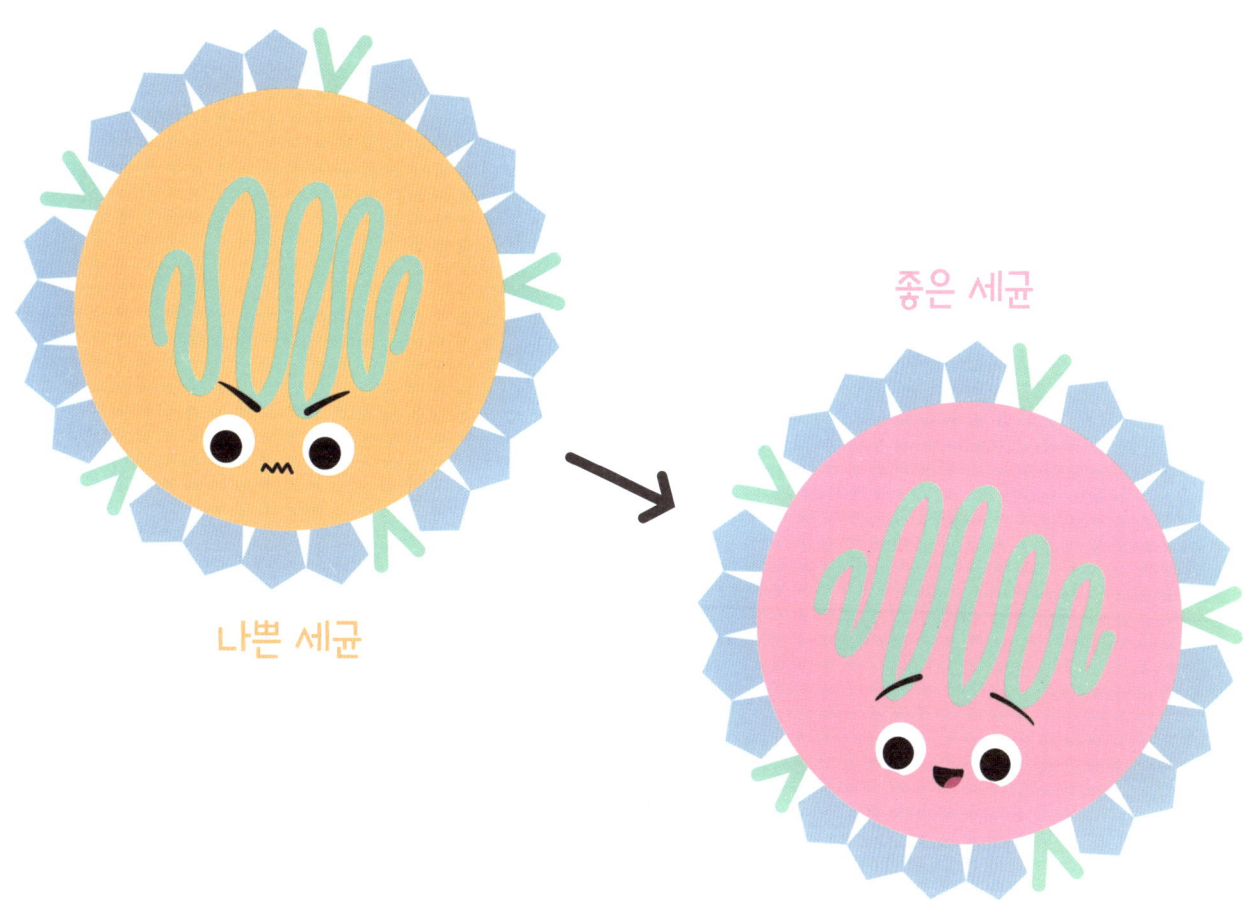

또 과학자들은 병을 일으키지는 않지만 생김새는 똑같은 세균을 만들어서 백신으로 사용하기도 해요.

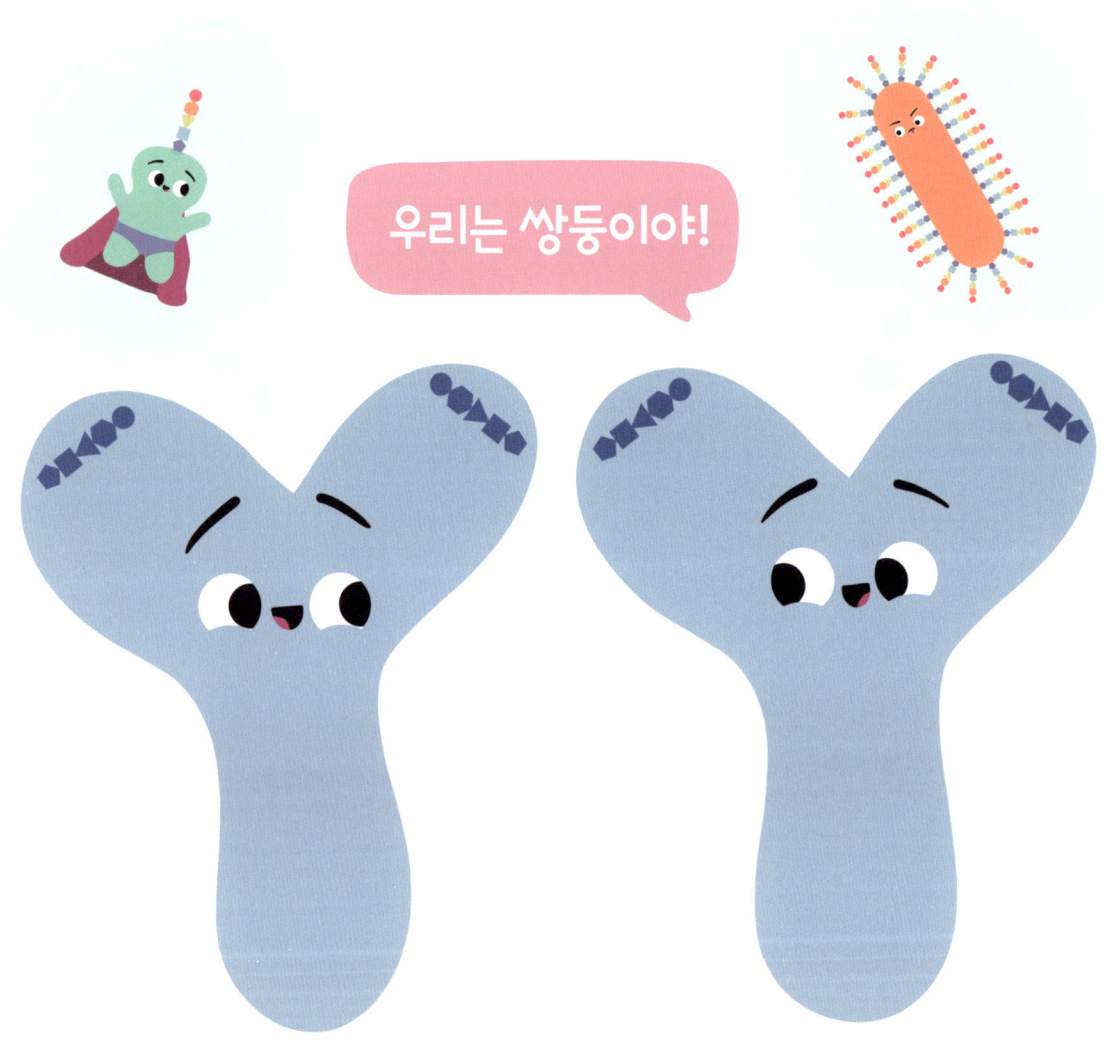

그러면 백신 주사를 통해 들어온 좋은 세균의 항원에 대한 **항체**가 만들어진답니다.

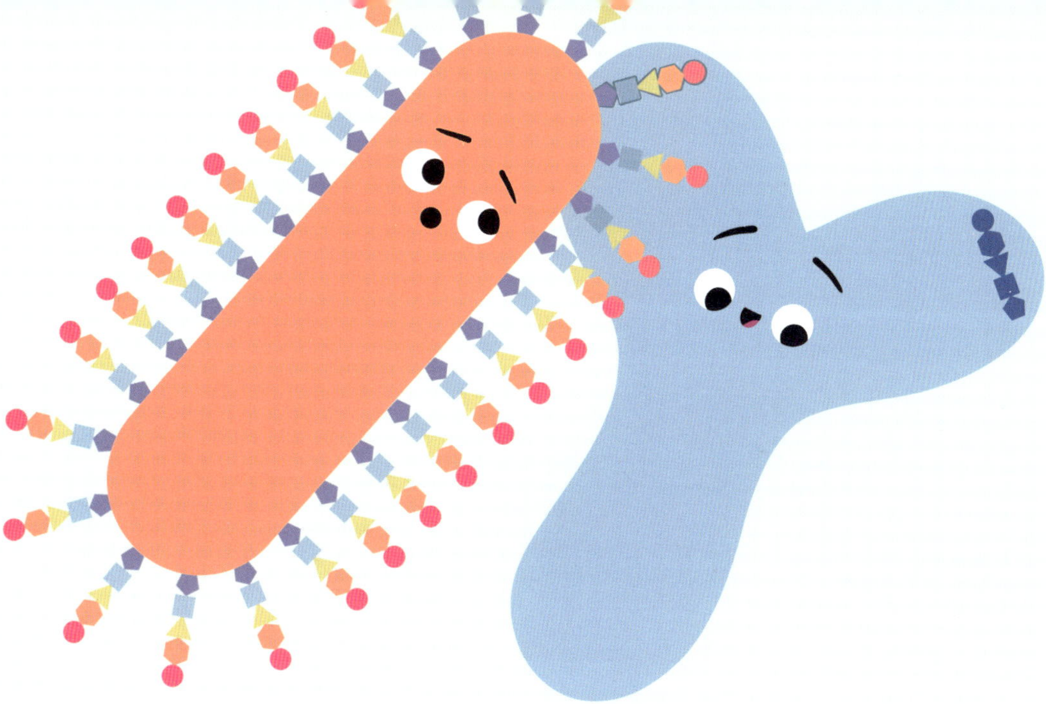

이제 나쁜 세균이 우리 몸에 들어와도 아프지 않아요.
항체가 그 **세균**을 물리칠 거니까요!

병을 일으키는 나쁜 세균이 여러 사람에게 퍼지지 않도록,
대부분의 사람들이 **백신**을 맞아야 해요.

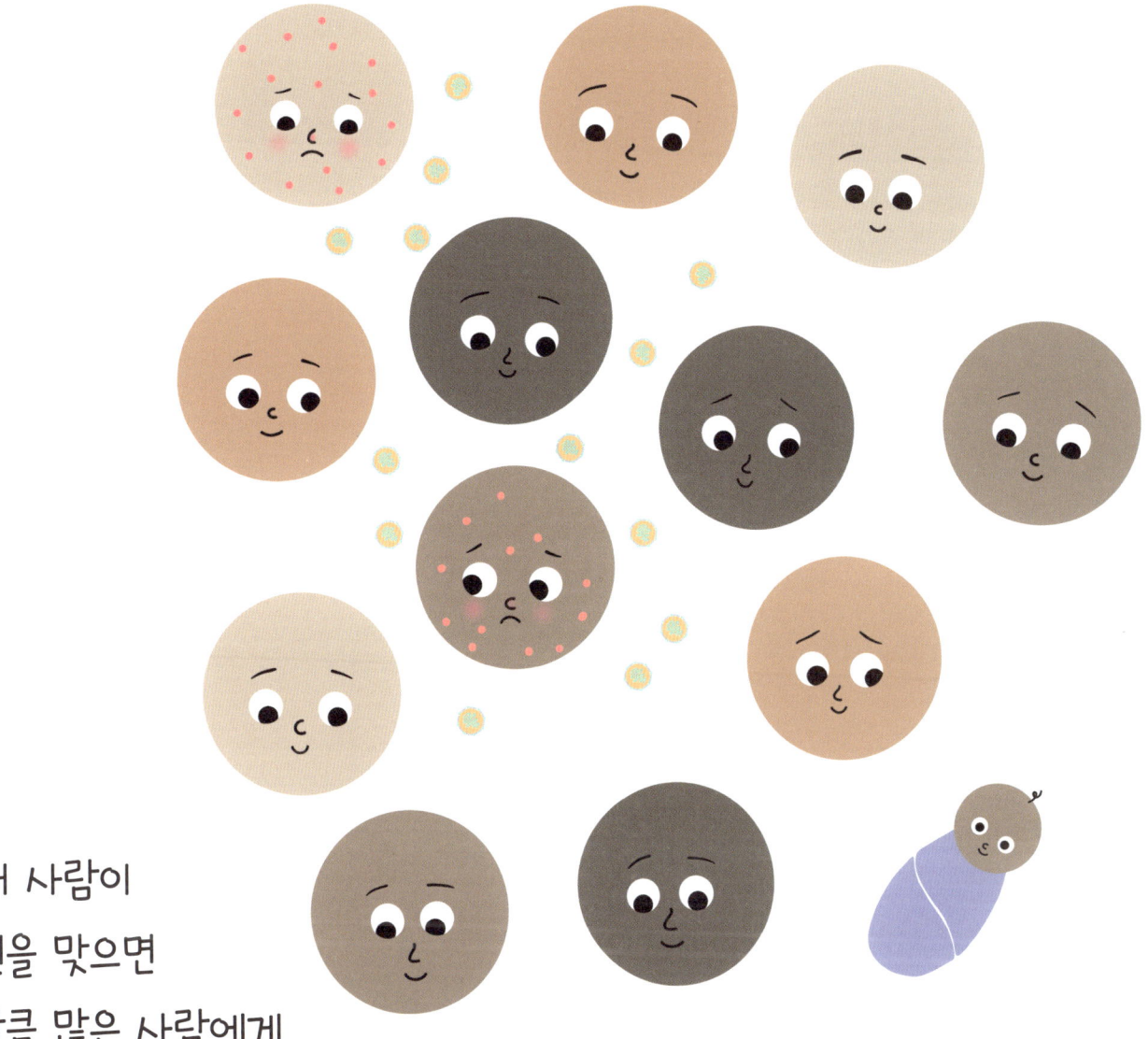

여러 사람이
백신을 맞으면
그만큼 많은 사람에게
면역이 생겨요. 이것을 **집단 면역**이라고 해요. 집단 면역은 갓난아기
처럼 백신을 맞을 수 없는 사람을 보호할 수 있어요.

백신은 수많은 사람의 생명을 구해 왔어요.

우리를 지켜 줘서 고마워!

너 정말 최고야!

고마워, 백신아!

백신에 관심을 기울이다 보면,
여러분도 언젠가 새로운 백신을
만들어서 많은 사람을
구할 수 있을 거예요!

백신

초판 1쇄 발행 2023년 11월 15일

지은이 카라 플로렌스·존 플로렌스 **옮긴이** 정회성
펴낸이 김현태 **펴낸곳** 책세상어린이 **등록** 2021년 1월 22일 제2021-000032호
주소 서울시 마포구 잔다리로 62-1, 3층(04031) **전화** 02-704-1251 **팩스** 02-719-1258
이메일 editor@chaeksesang.com **광고·제휴 문의** creator@chaeksesang.com
홈페이지 chaeksesang.com **페이스북** /chaeksesang **트위터** @chaeksesang
인스타그램 @chaeksesang **네이버포스트** bkworldpub

ISBN 979-11-5931-791-0 74080
ISBN 979-11-5931-969-3 (세트)

잘못되거나 파손된 책은 구입하신 서점에서 교환해 드립니다.
책값은 뒤표지에 있습니다.
책세상어린이는 도서출판 책세상의 아동·청소년 브랜드입니다.
전 연령의 어린이에게 적합한 도서입니다. Printed in Korea

All rights reserved
including the right of reproduction in whole or in part in any form.
This edition published by arrangement with Sourcebooks, LLC.
This Korean translation published by arrangement with
Chris Ferrie in care of Sourcebooks, LLC through Alex Lee Agency ALA.

이 책의 한국어판 저작권은 알렉스리에이전시 ALA를 통해 Sourcebooks, LLC사와 독점 계약한 책세상에 있습니다.
저작권법에 의해 한국 내에서 보호를 받는 저작물이므로 무단 전재와 복제를 금합니다.

지은이 **카라 플로렌스**

생화학자예요. 미국 이오나대학교에서 화학을 공부한 뒤 콜로라도 볼더대학교에서 생화학 박사 학위를 받았어요. 딸 셋과 함께 요리하고 실험하는 것을 즐기며, 어렸을 때부터 과학을 쉽고 친밀하게 느낄 수 있도록 어린이를 위한 책을 쓰고 있어요.

지은이 **존 플로렌스**

정형외과 전문의이자 멋진 두 아이의 아버지예요. 미국 육군 보병 및 특수 부대에서 복무하다가 하버드대학교에서 의학 박사 학위를 받은 뒤 의사의 길을 걷고 있어요. 가족과 함께 숲을 탐험할 때 가장 큰 행복을 느낀답니다.

옮긴이 **정회성**

도쿄대학교 대학원에서 비교문학을 공부하고 성균관대학교와 명지대학교에서 번역 이론을 강의했어요. 지금은 인하대학교 영어영문학과 초빙교수로 재직하면서 번역가로 활동하고 있어요. 《피그맨》으로 2012년 IBBY(국제아동청소년도서협의회) 어너리스트(Hornor List) 번역 상을 받았어요. 옮긴 책으로 《위대한 개츠비》, 《인간 실격》, 《동물 농장》, 《월든》, 《이게 모두 사실이라고?》 등이 있고, 쓴 책으로 《혼자서도 술술 영어 일기 쓰기》, 《책 읽어 주는 토봇》, 《내 친구 이그발》 등이 있어요.

'키즈 유니버시티 시리즈' 사용 설명서

동화책을 읽어 줄 때처럼, 이 책도 열정을 가지고 읽어 주세요. 엄마나 아빠, 선생님 같은 어른들이 관심을 가진다면, 아이들도 그만큼 책에 주의를 기울일 거예요. 아이들이 이해할 수 있도록 도와주면서 호기심을 자극하세요. 과학이 중요하다는 사실을 알려 주세요.

아이들은 때때로 그림에만 흥미를 느끼고, 내용을 이해하지 못해 답답해하며 질문을 쏟아 낼지도 모릅니다. 그러면 가장 먼저 아이를 칭찬해 주세요. 또 함께 풀어 보자고 의욕을 북돋워 주세요. 생각과 질문이 얼마나 중요한 것인지도 얘기도 주시고요. 정답을 알지 못해도 괜찮다고 다독이며, 때로는 답을 찾아가는 과정이 더 재미있다는 것도 알려 주세요. 아이가 던지는 질문에 대한 가장 좋은 대답은 바로 "네 생각은 어떠니?"라고 되묻는 것입니다.

자신의 생각을 잘 표현하는 아이로 성장하려면, 학습이 하나의 과정이라는 사실을 꼭 이해해야 합니다. 성공은 단순히 정답을 맞히는 것 이상의 의미를 갖습니다. 성공이란 질문을 던질 수 있는 용기, 답을 찾아내려는 끈기, 틀렸을 때 다시 일어설 수 있는 회복력을 갖추는 것을 의미합니다. 틀려도 괜찮습니다. 모든 실패는 성공을 향한 걸음이니까요. 이 걸음에서 어른들의 역할은 아이에게 과학을 가르치고 사실을 알리는 것에 그치지 않고, 평생 배움을 이어 나가는 데 필요한 기술과 마음가짐을 깨우치게 하는 것입니다.

크리스 페리